Hi there!
You're home.

SCHLAFEN
SLEEP

Der überdachten Schlafmöglichkeiten in Weimar gibt es viele. Egal ob mondän, stylisch oder für den kleinen Geldbeutel. In Weimar findet jeder ein Dach über dem Kopf. 'Absteigen' kann man mit unseren Tipps nicht finden, denn wir zeigen Euch die angesagten Bettlakenaufschüttler und Nachttischlampenanknipser!

*E*verybody can find a roof over his head in Weimar. No matter if classy, styled or budget. You won't just stay somewhere, because in this section we uncover the secrets of the most comfy beds and take you to the pillow-masters.

01

Familienhotel Weimar

modern family | verspielt

Reisen mit Kindern ist hier entspannend: Geräumige Zimmer mit Außenbereich, Küche und Spielecken für Kinder. Dazu gibt es im Erdgeschoss noch das Restaurant Gretchens, wo man bei gutem Essen den Kindern beim Indoor-Spielen zusehen kann.
Travelling with kids made easy: Spacious rooms with outdoor facilities, kitchenettes and play corners for children. Additionally you can find the restaurant Gretchens in the ground floor, where adults enjoy good food while the kids play in the Indoor playground.

📍 Seifengasse 8,
99423 Weimar

🔎 familienhotel-weimar.de

📞 03643 4579888

💲 €€€€

02

Mariposa

theme rooms | thematisch gestylt

📍 Obere Schlossgasse 3,
99423 Weimar

🔎 mariposa-weimar.de

📞 03643 7737060

💲 €€

03

Russischer Hof

historic | mondän

📍 Goetheplatz 2,
99423 Weimar

🔎 russischerhof-weimar.de

📞 03643 7740

💲 €€€€

01

02

03

DESIGN APARTMENTS WEIMAR

Mark Pohl ist der Besitzer der Design Apartments Weimar und steht damit für eine neue und moderne Stadt.

Seit wann lebst Du in der Stadt?
2001

Woher kam die Idee für Dein Unternehmen?

Meine Idee war einen modernen und kuratierten Wohnort zu schaffen, in dem man sich im Urlaub wohlfühlt und als zweites Zuhause verlässt. Von Anfang an stand für mich im Vordergrund das "neue" Weimar zu zeigen, also die junge und kreative Bauhausszene. So ist ein Ort entstanden, an dem sich einige Produkte und Veröffentlichungen von Bauhaus-Absolventen sammeln können, gepaart mit Designklassikern und angesagtem Interior. Dazu kann man die Produkte im Urlaub ausprobieren, in Ruhe anschauen und wenn man will bei uns einkaufen.

Warum Weimar?

Als ich nach Weimar kam wollte ich hier nicht länger als 2 Jahre bleiben. Meine Angst vor der Provinz war damals doch groß. Allerdings hat mich die Stadt eines Besseren belehrt. Man kann in Weimar definitiv sein Glück finden. Die kurzen Wege, die Offenheit der Menschen und

Mark Pohl is the owner of the Design Apartments Weimar and stands for a new and modern city.

Since when do you live in Weimar?
2001

Where did the idea for your company come from?

My idea was to create a modern and curated living space in which my guests would feel comfortable as if it would be their second home. From the beginning on, my priorities were to show the new Weimar, the young and creative Bauhaus scene and to establish a room to collect the outcome of Bauhaus graduates, along with classic design pieces and trendy interior. In my apartments you can try out these products and take a closer look at them and if you want you have the chance to buy them.

Why Weimar?

When I first came to Weimar, I didn't want to stay longer than two years. My fear of province was huge. But... The city taught me better. You can definitely find happiness in Weimar. The short ways, the open minded people and the extreme mixture of cultural sites, normal life and creativity excites me day by day.

die extreme Mischung aus Kulturstätte, normalem Leben und Kreativszene begeistert mich von Tag zu Tag.

Welchen Ort in der Stadt muss man unbedingt gesehen haben?

Das Nadelöhr. Dort stürzte sich zu Goethes Zeit ein Mädchen mit dem ‚Werther‘ in der Tasche in die Ilm und ertrank. Für Goethe war es so ein Schock, dass er beschloss einen Gedenkplatz für sie zu errichten; das Nadelöhr oder Felsentor.

Welches Geheimnis kannst Du uns über Weimar verraten?

Wenn man sich an die jeweiligen Enden der Pompejanischen Bank setzt, kann man sich durch bloßes Flüstern unterhalten ohne das die Anderen einen hören. Ausprobieren!

Which place must be seen in Weimar?

The so called "Nadelöhr". At Goethes time a girl jumped into the Ilm with "Werther" in her pocket and drowned. This was shocking for the famous writer, so he decided to establish a memorial for her: The Nadelöhr or so called Felsentor.

Some secrets about Weimar that you want to share?

If you go to the pompejian bench and you sit on both ends, you can have a conversation by whispering and no one else can hear. I don't want to convey more, try it out!

04

Design Apartments Weimar
trendy interior/angesagt

📍 Fuldaer Str. 85, 99423 Weimar

🔍 hierwargoethenie.de

📞 0172 3562210

💰 €€

📷 designapartmentsweimar

Editors Tip:
📷 we_love_weimar
Weimar Visitors Gallery on Instagram, curated by @designapartmentsweimar

05

Labyrinth Hostel

budget chic | freundlich & weltoffen

Jung, günstig, alternativ: Das Labyrinth Hostel befindet sich mitten im Zentrum und ist perfekt für junge, internationale Gäste, die es gemütlich mögen.
Young, budget, alternative: The Labyrinth hostel is in the heart of the city and perfect for young and international guests who are looking for a cosy stay. The meeting hall in the first floor is a real eye catcher.

📍 Goetheplatz 6,
99423 Weimar

🌐 weimar-hostel.de

📞 03643 811822

💰 €

06

Ferienwohnungen Am Lottenbach

like home | wie zu Hause

📍 Paul-Schneider-Str. 63,
99425 Weimar

🌐 weimar-reise.de

📞 03643 205920

💰 €€€

07

Blauer Hof

rustic | Landluft

📍 Am Dorfplatz 10,
99438 Weimar-Possendorf

🌐 blauer-hof.de

📞 03643 849323

💰 €€

Check airbnb für mehr wunderschöne
Apartments in Weimar und Umgebung   🔍 airbnb.de

05

06

07

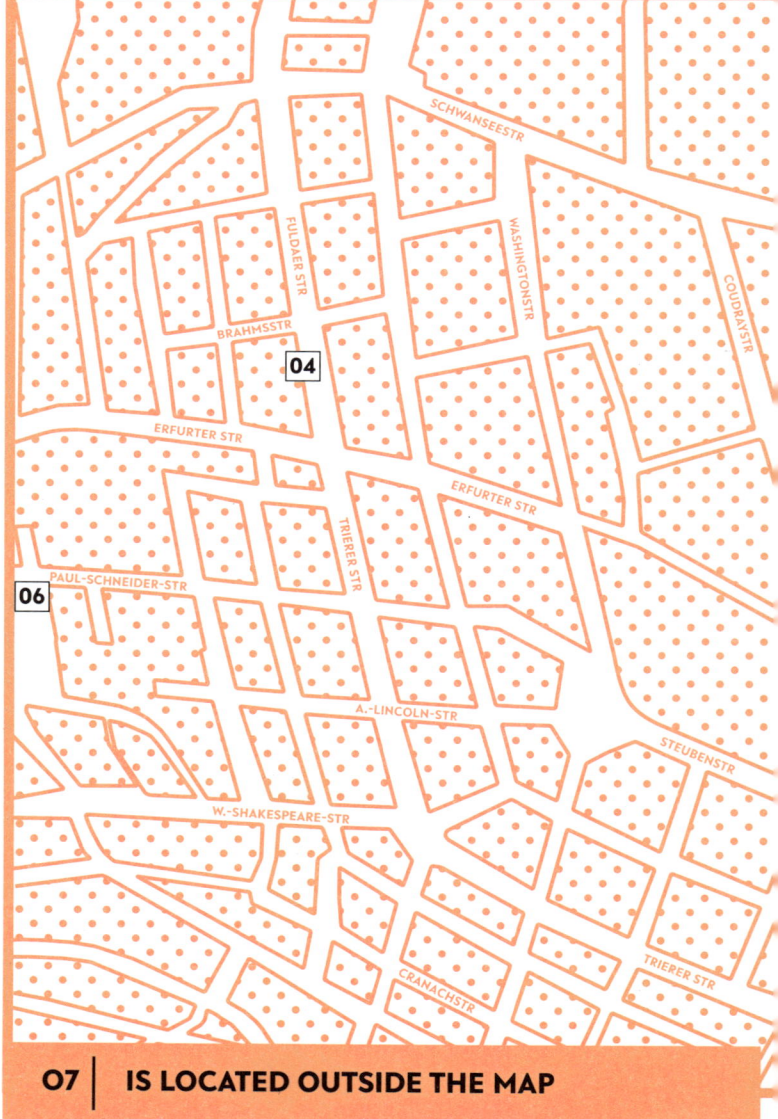

04

06

07 | **IS LOCATED OUTSIDE THE MAP**

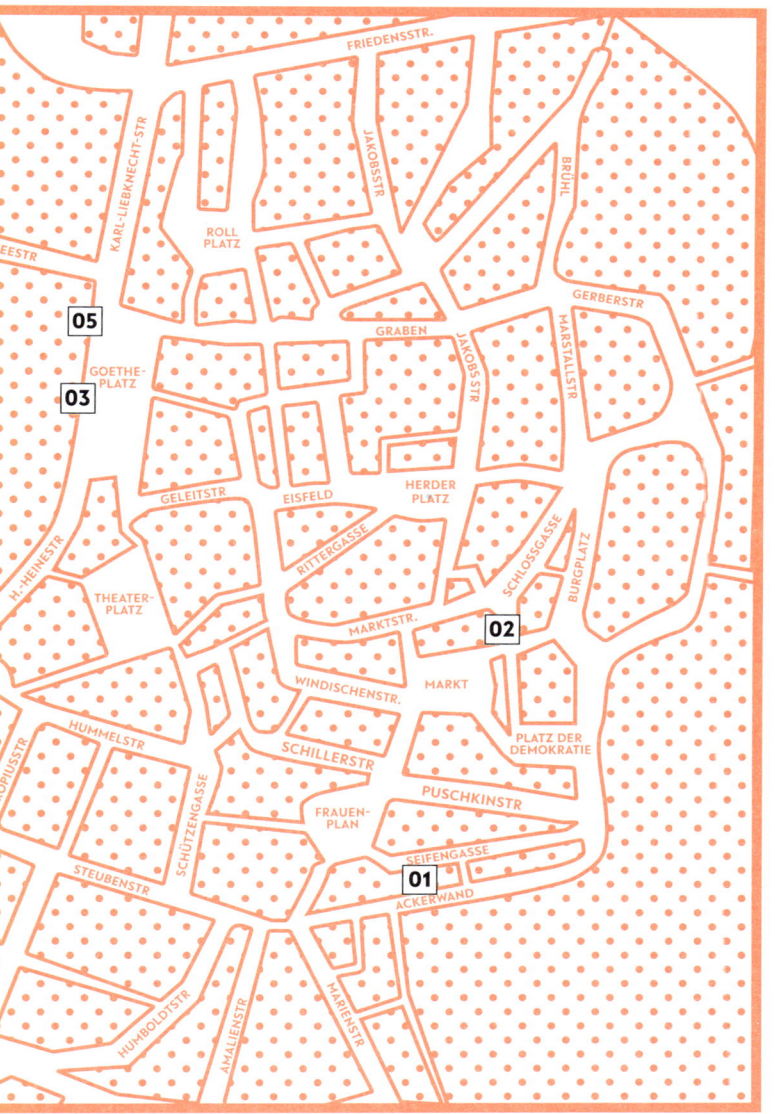

Schlafnotizen

ESSEN
EAT

Sterneküche, auf die Hand, Mittagstisch oder simple Nahrungsaufnahme. Alles kann gegessen und verdaut werden. Ob die Futterquelle allerdings immer kulinarisch verwöhnt, sei in manchen Läden in Weimar doch dahingestellt. Wir zeigen Euch wo ihr die Teller problemlos bis auf den letzten Rest ablecken könnt.

*S*tarring chefs, in hand, lunch or simple consumption. Weimar has got a lot to offer, but not all of them are culinary spoiling. On a food mission in Thüringen there is no way to avoid a good hearty Thüringer Bratwurst on the hand, Klöße (potatoe dumplings) in the belly and some nice sour dough bread for home. We show you all our hidden food sources you will be panting for.

BREAKSLOW FRÜHSTÜCK

08

Villa Haar

bohemian brunch | Sonntagskaffee

Diese geschichtsträchtige Villa liegt traumhaft gelegen am Hang des Ilm Parks. Neben dem Café d'este gibt es auch die Möglichkeit an festen Terminen im Jahr bei kultureller Unterhaltung zu Brunchen. Das Sonntagscafé öffnet von März bis Oktober immer von 13–18 Uhr.

Located hill sided in the Ilmpark, this historical villa offers a beautiful view. Besides the Cafè d'este visitors can attend brunch with cultural entertainment bookable on fixed dates. The café opens from March to October from 1pm–6pm.

- 📍 Dichterweg 2a, 99425 Weimar
- 🔎 villahaar.de
- 📞 03643 779880
- 💰 €€

09

Wünsch dir was

talkative | Freundefrühstück

- 📍 Kaufstraße 20, 99423 Weimar
- 🔎 cafe-wuensch-dir-was.de
- 📞 03643 4437417
- 💰 €€

10

Fama–Cafe & Bücher

sit & read | Kaffeeklatsch

- 📍 Windischenstr. 22, 99423 Weimar
- 🔎 facebook/fama.weimar
- 📞 03643 9088786
- 💰 €€

08

09

10

LUNCH
MAHLZEIT

11

Peperoncino

italian food | wie bei "Pappà"

Maurizio ist Eigentümer von Peperoncino, dem kleinen Delikatessenladen in der Steubenstraße. Ursprünglich kommt er aus Kalabrien und das spürt man: Zu Mittag tischt er mit Pfannenkrawall und Kochlöffel frische Pasta und Risotti auf. Eine kleine Auszeit in Italien und einen vollen Bauch bekommt man hier allemal.

Maurizio is the owner of Peperoncino, the small delicacies shop in Steubenstraße. Originally he comes from Calabria which you can instantly feel. At lunch he serves fresh pasta and risotti. You can count on a full belly and a smile on your face when you leave.

📍 Steubenstr. 14,
   99423 Weimar

🔎 peperoncino-weimar.de

📞 03643 4899299

🏷 €

12

KOI. 7

asia homemade & store | asiatische Lebensmittel & Essen

📍 Schlossgasse 5,
   99423 Weimar

🔎 facebook/koi.7

📞 0176 61529283

🏷 €€

13

Gartenliebe

fresh & healthy | regional & vegan

📍 Große Kirchgasse 2,
   99423 Weimar

🔎 bistro-gartenliebe.de

📞 03643 7777888

🏷 €€

11

12

13

14
Cafe Caroline
hidden treasure | Schatz

Im Herderhaus versteckt sich eine feine
& idyllische Ruheinsel: Das Café Caroline.
Von Di–Fr kann man ein wechselndes
Mittagsangebot genießen. Zusätzlich
kann man im Sommer im wunderschönen
Herdergarten essen und eine hausge-
machte Limonade trinken.

*Hidden in the Herderhaus you will find
a very nice and idyllic silence point: The
Café Caroline. Tuesday till Friday they
serve different lunch menus. In summer
you can also enjoy the wonderful Herder
garden. We recommend to order a fresh
homemade lemonade, it is just tasty.*

📍 Herderplatz 8,
   99423 Weimar

📞 0176 84347707

🏷 €/€€

15
Estragon Suppenbar
warming soups | aufwärmend

📍 Herderplatz 3,
   99423 Weimar

🔍 acc-cafe.de/suppenbar-
   estragon

📞 03643 908599

🏷 €

16
Da Giuseppe
Italienische Hausmannskost |
italian warm kitchen

📍 Vorwerkgasse 3,
   99423 Weimar

🔍 italiener-weimar.de

📞 03643 814838

🏷 €

14

15

16

SNACKS
HÄPPCHEN

17

Fritz Mitte
fast fries | Frittenbude

📍 Schützengasse 8,
99423 Weimar

🔎 facebook/fritzmitte

📞 03641 3474797

🏷 €

18

À la Turque
pide, köfte & friends | Süper-Döner

📍 Erfurter Str. 58,
99324 Weimar

📞 03643 904874

🏷 €

19

Damas
syrian style | Schawarma

📍 Jakobstr. 11,
99423 Weimar

📞 0176 28186503

🏷 €

20

LaLaBa
lunch salad | Bagel Haus

📍 Rudolf-Breitscheid-Straße 2A,
99423 Weimar

🔎 lalaba.de

📞 03643 746828

🏷 €

17

18

19

20

DIE BROTKLAPPE

Es gibt kaum einen Ort, wo so viel Wert auf Qualität gelegt und Leidenschaft in das Produkt gesteckt wird, wie in Sebastians und Annikas Brotklappe.

There is no place like "Brotklappe" in which people work with so much passion for a good product and put much effort in quality as in Sebastians and Annikas place.

Seit wann lebst Du in der Stadt?
Wir sind Ende der Neunziger zusammen nach Weimar gezogen.

Since when do you live in Weimar?
We moved to Weimar in the late 1990s.

Woher kam die Idee für Dein Unternehmen?
Zum Geburtstag bekam mein Mann das Buch "Tartine" von Chad Robertson. Damit fing alles an. Als er kurz darauf noch einen Sauerteig Ansatz geschenkt bekam, war er infiziert. Wenige Zeit später wurde aus unserer Waschküche im Keller eine kleine Backstube. Am Anfang kamen jedes Wochenende Freunde zu Besuch. Irgendwann auch ein großer Teil der Nachbarschaft, weil sie vom frischen Brotduft aus unserer Brotklappe im Keller angelockt wurden. Sie wollten tatsächlich unser Brot kaufen! Ich habe dann Sonntags ab 17 Uhr Kaffee gekocht und Gäste empfangen. Erst nachdem wir als kurze Testphase in Erfurt ein Sonntagscafé betrieben, haben wir jetzt unseren Platz in Weimar gefunden.

Where did the idea for your company come from?
As a birthday gift my husband got the book "Tartine" by Chad Robertson. It all started from that. A little later he got some sour dough and was infected straight away: Our laundry room in the basement became a small bakery. Every weekend , friends and a large part of the neighbourhood came to us . A fresh bread scent starting from 3 pm would come out of our "Brotklappe" in the cellar. From 5pm on Sunday they all came and wanted to buy our bread . I made coffee and welcomed our guests . Then, for a short time we had a Sunday Cafe in Erfurt as a test. After it succeeded we found our place in Weimar.

Warum Weimar?
Unsere Töchter machen nächstes Jahr ihr Abitur und unser Sohn geht hier in der Nähe zur Schule. Wir alle wohnen sehr gern in Weimar und hatten keinen Grund eine andere Stadt zu wählen. Wenn dann irgendwann alle Kinder ausgeflogen sind, können wir uns vorstellen Weimar auch

Why Weimar?
Our daughters are going to graduate from school next year and our son is going to school nearby. We all like to live in Weimar and had no reason to choose another city. If then all children once fled, we will surely go somewhere else.

Which place must be seen?
The Ilmpark. There is culture and na-

mal zu verlassen.

Welchen Ort in der Stadt muss man unbedingt gesehen haben?

Den Ilmpark. Dort gibt es Kultur und Natur zu entdecken und unendlich viele lauschige Plätzchen. Ich gehe gern zum Römischen Haus oder über die Schaukelbrücke, manchmal auch in die andere Richtung, Hang aufwärts. Die Leibnizallee entlang und durch die Bauhaussiedlung. Dann schlängle ich mich dort durch die Straßen und zurück geht's wieder über die Sternbrücke am Schloß vorbei.

Welches Geheimnis kannst Du uns über Weimar verraten?

Unser persönlicher Geheimtipp ist die Dachterrasse vom Gretchens. Ich würde meinen Besuchern die Galerie Eigenheim im Weimarhallenpark zeigen. Ein wunderbarer Ort, in dem es sehenswerte Ausstellungen zeitgenössischer Kunst gibt. Im Sommer ist ein ausgedehnter Spaziergang im Kirschbachtal empfehlenswert mit anschließendem Bierchen im Schrebergartenrestaurant August Fröhlich.

ture to discover and an infinite number of secluded places . I like to go to the Roman House or the "Schaukelbrücke", sometimes also in the other direction uphill, along the Leibnizallee, through the Bauhaus settlement. Then I stroll through the streets and on my way back I pass the Sternbrücke at the castle.

Some secrets about Weimar that you want to share?

Our personal insider tip is the roof terrace of Gretchens and personally, I would show my guests the Galerie Eigenheim in the Weimarhallenpark. A wonderful place where you can see some of the most important exhibitions of contemporary art. In summer, I can recommend a long walk in the Kirschbachtal, followed by a beer at the Schrebergarten-restaurant August Fröhlich.

21

Die Brotklappe
breaddreams | KellerbäckerInnen

📍 Trierer Str. 46,
   99423 Weimar

🔍 brotklappe.de

📞 03643 4150035

🏷️ €€

📷 diebrotklappe

Editors Tip:

Our Brotklappen favourite =
ZIMTKNUT &
Monday Pizza Night.

SWEATHEARTS
NASCHKATZEN

22

Biebereis

lick chops | Feinschlecker

Vom Logo, zur Gestaltung bis zum Eis ist bei Felix Bieber alles handgemacht. Unterwegs auf seinem Eis-Fahrrad, hat er mittlerweile auch schon Läden in Jena und in Weimar eröffnet. Sein Sortiment reicht von super schokoladig bis extrem fruchtig.

Icon, design, and ice cream all coming from one hand. Felix Bieber sells his ice cream on his self designed bike and in his shops in Weimar and Jena. From super chocolaty to extremely fruity: we know, you will lick chops.

📍 Erfurter Str. 35,
99423 Weimar

🔍 biebereis.de

📞 03643 779880

🏷 €€€

23

Koriat

homemade tartes & cakes |
Leckermäulchen

📍 Steubenstr. 48,
99423 Weimar

🔍 koriat.de

📞 03643 8552899

🏷 €€

24

O fruto

Dearly Maccarons | Patisserie

📍 Erfurter Str. 35,
99423 Weimar

🔍 info@ofruto.de

📞 0176 72602601

🏷 €€€

22

23

24

DINNER OUT
ABENDMAHL

25

Crêperie du Palais

Galettes & co | Flammkuchen

📍 Am Palais 1,
99423 Weimar

🔍 creperie-weimar.de

📞 03643 401581

🏷 €€

26

Da Antonio

budget Pizza | ohne Schnickschnack

📍 Windischenstraße 33,
99423 Weimar

🔍 pizzeria-da-antonio.net

📞 03643 490119

🏷 €

27

Anastasia

classic chique | gehobene Küche

Wer fein essen gehen möchte, ist im Anastasia richtig. Serviert wird internationales, kreatives Essen, das trotzdem mit der thüringischen "Cuisine" verbunden ist. Für einen wunderschönen Abend im Anastasia lohnt es sich auch mal tiefer in die Tasche zu greifen.

If you want to eat in style, Anastasia is the right choice. They serve international and creative food, which is anchored in the thuringian tradition. For a wonderful evening in Anastasia it is worth to dig deeper into your pocket.

📍 Goethepl. 2,
99423 Weimar

🔍 restaurant-anastasia.info

📞 03643 774814

🏷 €€€€

25

26

27

28
36 Pho Co - Bao Burger
vietnamese | Burger & mehr

Das 36 Pho Co liegt im Herzen von Weimar. Frische Zutaten und super Kombinationen machen das Geschmackserlebnis jedes Mal zu einem Gaumenschmaus. Neben den Bao-Burgern gibt es auch Suppen, kleinere und größere Gerichte. Die Karte wird je nach Jahreszeit angepasst.

The 36 Pho Co is located in the heart of Weimar and offers the essentials of vietnamese culinary culture: Fresh ingredients and creative combinations make it a special experience. Next to their burgers, they also offer soups and smaller dishes, as well as main courses fit to the different seasons of the year.

📍 Kaufstraße 5,
99423 Weimar

🔎 pho-co-weimar.de

📞 03643 4684899

🏷 €€/€€€

29
San
corean | Korea pur

📍 Eisfeld 4,
99423 Weimar

🔎 sanrestaurant.de

📞 03643 258942

🏷 €€

30
Tara
indian pleasure | Currycurry

📍 Erfurter Str.4,
99423 Weimar

🔎 tara-weimar.de

📞 03643 9000744

🏷 €

28

29

30

31

Franz & Willi

young & fresh | hausgemacht

Tradition und Region trifft Moderne: Die Burger von Franz & Willi sind geschmackvoll und kreativ. Das Brot kommt vom Bäcker nebenan, das Fleisch vom Metzger zwei Straßen weiter. Mit ihren Specials und mit veganen Varianten machen sie jeden Bauch glücklich.

Tradition meets modernism:
The burgers by Franz & Willi are tasty and creative. The bread comes from the baker next door and the meat from the butcher on the next block. Thanks to their special burgers and their vegan variations, every belly will leave this place happy.

📍 Rittergasse 21, 99423 Weimar

🔎 franz&willi@facebook

📞 03643 4433069

🏷 €€

32

Scharfe Ecke

thuringian cuisine | Kloßmarie

Wer Thüringer Küche probieren möchte, der muss in die Scharfe Ecke. Das kleine Restaurant hat ca. 30 Plätze und ist meistens so voll, dass sogar Barhocker vergeben sind (deshalb unbedingt reservieren). Was man bekommt? Hausmannskost, die keinen Kloß-, Braten- oder Bierwunsch offen lässt.

Who wants to dive into the thuringian kitchen, has to go to "Scharfe Ecke". The small restaurant has got around 30 seats and is mostly so crowded, that guests even eat at the bar (it is definitely recommended to book in advance).

What do you get? The best plain fare that won't leave any potatoe - beer - meat wish open.

📍 Eisfeld 2, 99423 Weimar

📞 03643 7740

🏷 €€

31

32

AUF DIE HAND
TO GO

33

Forellenzucht

catch it fresh | frischer Fisch

- 📍 Paul-Schneider-Straße 78, 99425 Weimar
- 🔍 fischzuchtvogel.de
- 📞 03643 80584
- 💧 €€

34

Gregors Käsestand

cheesy & friendly | Spezialitäten

- 📍 Goethe oder Marktplatz
- 🔍 mongre.de
- 📞 03643 772636
- 💧 €€

35

Blumen | Flowers

Location: Marktplatz

Im Frühling und Sommer blüht Weimars Marktplatz auf. Unser Geheimtipp: Stefans Blumenstand (die schönsten Wiesensträuße und manchmal gibt's ein Sträußchen Lavendel aufs Haus dazu).

In spring and summer, Weimar's Marktpltz is growing. Meadow flowers, lavender and herbs as far as the eye can see. Our secret tip: Stefans Blumenstand (he makes the most beautiful meadows and sometimes a bouquet of lavender is added for free).

36

Thüringer Rostbratwurst

Locations: Goethe- und Marktplatz

Schweinefleisch, Kümmel, Salz, Pfeffer, Majoran und Knoblauch: Bratwurst ist das Thüringer-Street food schlechthin. Die ganze Stadt ist mit dem leichten Grillduft der Bratwurststände erfüllt.

Pork, caraway, salt, pepper, majoram and garlic Bratwurst is the German street food. Its smoky aroma fills the whole city all year long. It's perfect to grab on the way and to enjoy with some mustard.

33

34

35

36

Essnotizen

TRINKEN
DRINK

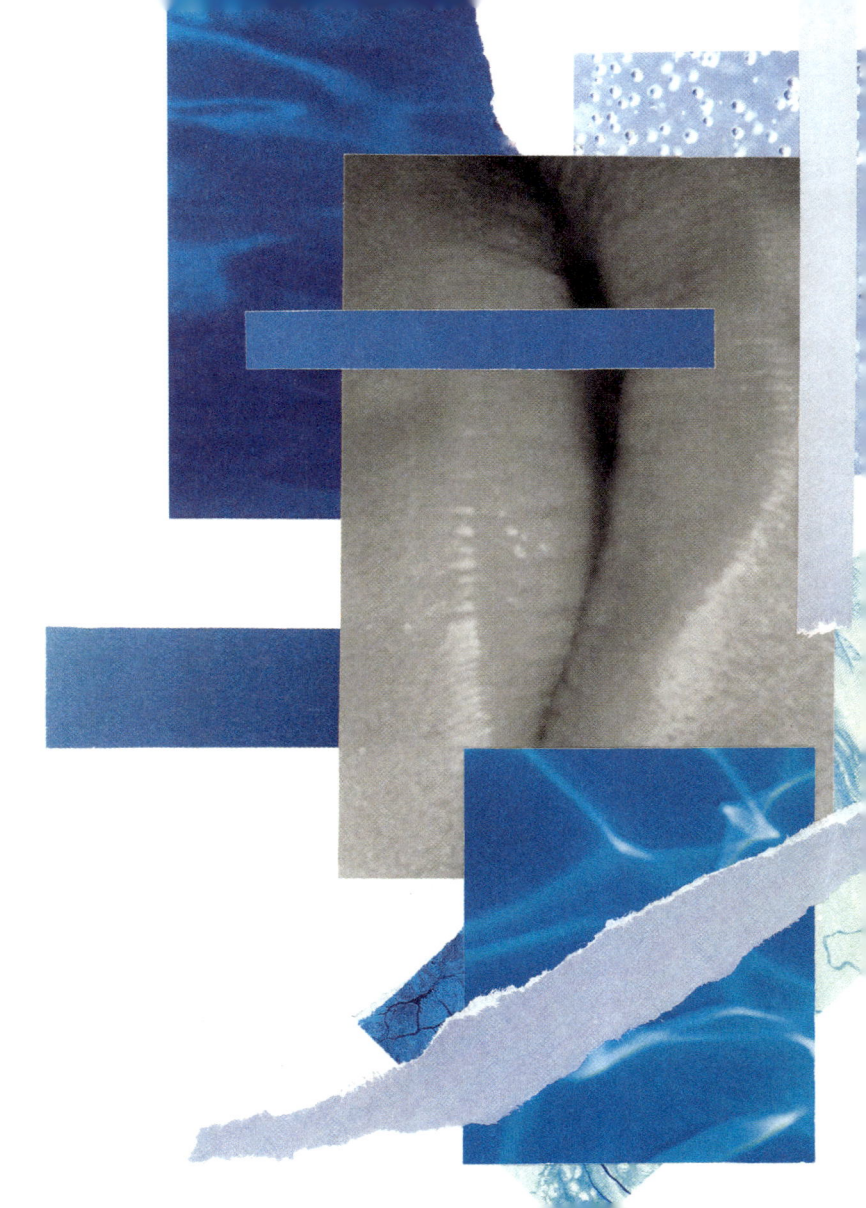

Besonders in den wärmeren Monaten sieht man die Weimarer quatschend und lachend verteilt auf den Bänken und Terrassen unter freiem Himmel. Aber auch in der kalten Jahreszeit sind die Weimarer gesellig und trinken gerne. Ein lokales Bier kippt sich genauso schnell wie ein kratziger Pfeffi. Wo Du Dich am Besten unters Volk mischst, zeigen wir Dir jetzt!

***W**e go outside when it's getting warm, but even when it's snowy we find enough places to shift and chug. Nearly the whole year you find the Weimarer sit and chat everywhere in the city. You can drink local beer and you must definitely try a "Pfeffi". We have a nice collection of terraces, bars, rooftops and plazas. Just get into the crowd!*

TEA PARTY
KAFFEEKRÄNZCHEN

37

Café Lima

peruan charm | Kultur Mischung

Das Café Lima ist ein wunderbarer Mix von Spezialitäten aus den Anden und deutscher Kultur. Man bekommt Frühstück, Suppen, Quiche, Salat und die außergewöhnlichen Inka Kekse.

The Cafe Lima is a wonderful mix of specialties from the Andes and German culture. You can have breakfast, soup, quiches, salad and the extraordinary Inka biscuits.

📍 Dr.-Salvador-Allende-Straße 2, 99425 Weimar

🔎 cafe-lima.de

📞 03643 4433799

💰 €/€€

38

Coffee Namu

green matcha latte | Matcha Waffeln

📍 Bornberg 5, 99423 Weimar

🔎 facebook/coffee namu

💰 €/€€

39

Caféladen

beachinthecity | Kaffeespezialitäten

📍 Karlstraße 8, 99423 Weimar

🔎 cafeladen-weimar.de

📞 03643 495850

💰 €/€€

37

38

39

40

ACC-Café
snacks & coffee | Tapetenhingucker

Wenn man das ACC-Cafe betritt, wird man direkt von einer riesigen Tapeteninstallation willkommen geheißen; Ein Kunstwerk der Künstlerin Tea Mäkipää. Ein wahrer Hingucker. Deinen Gaumen verwöhnt frisches Essen und leckerer Kaffee. Deine Augen: Kunst und interessante Ausstellungen.
When you enter the ACC-Café you are welcomed directly by a huge wallpaper, a work of the artist Tea Mäkipää: A real eye-catcher. Downstairs you can find fresh food and delicious coffee, upstairs you can admire art and exhibitions.

📍 Burgplatz 1, 99425 Weimar

🌐 acc-weimar.de

📞 03643 851161

💰 €/€€

41

Bauhaus Café
student coffee | knusprige Panini

📍 Marienstr. 3,
   99423 Weimar

📞 03643 777190

💰 €

42

Bauhaus Atelier
shop&café | studentisch

📍 Geschwister-Scholl-
   Straße 8, 99425 Weimar

🌐 uni-weimar.de/
   bauhausatelier

📞 03643 583000

💰 €€

40

41

42

PRE DINNER DRINK
VORGLÜHEN

43
Wielandplatz

Mit seiner guten Lage nahe dem am längsten geöffneten Supermarkt (bis 0 Uhr), hat sich der Wielandplatz zu einem der emsigsten und lebendigsten Plätze in Weimar gemacht. An warmen Sommerabenden kippt man hier ein mitgebrachtes Getränk und trifft auf viele Studenten die auch mal ein längeres Feierabendbier genießen.

With its good location next to the late closing grocery store (0 am), the Wielandplatz has become one of the most crowded and lively places in Weimar. On warm summer nights you shift some self brought drinks and meet lots of students.

44
Gretchens Dachterrasse
rooftop aperitif | Luftiger Starter

📍 Seifengasse 8,
　99423 Weimar

🔎 gretchens-weimar.de

📞 03643 4579877

🍸 €€

45
Künstlergarten
shabby culture | Untergrund Kultur

📍 Theaterplatz 4,
　99423 Weimar

🔎 facebook/künstlergarten

📞 01520 2513394

🍸 €€

43

44

45

WEINBAR WEIMAR

Philipp und seine Freundin Anna haben es geschafft, Weimar etwas Besonderes zu geben: Einen Genussort, in dem man sich wie zu Hause fühlt.

Anna and Philipp give something special to Weimar: A place for indulgence in which you just feel like home.

Seit wann lebst Du in der Stadt?
Ich bin 1980 im damaligen Kirschberg-Krankenhaus geboren worden, wo sich heute die Polizeistation befindet und lebe mit einigen auch längeren Unterbrechungen seit 23 Jahren in Weimar.

Woher kam die Idee für Dein Unternehmen?
Meine große Liebe Anna und ich sind seit Jahren auf der Suche nach einem fröhlich-entspannt-professionellen Ort an dem man Wein trinken, entspannen und diskutieren kann. Wo nicht das Sehen-und-Gesehen-Werden im Vordergrund steht, sondern das eigene Gespräch, guter Wein aus aller Welt, ein paar Kleinigkeiten auf dem Tisch. Ein Wohnzimmer mitten in der Stadt.

Warum Weimar?
Hier geboren und dann doch der Enge der Kleinstadt sich entfliehend, habe ich es an vielen Orten weit und noch weiter weg versucht und auch immer ein Zuhause gefunden. Heimat jedoch ist da, wo einen die Wurzeln nicht loslassen, die eigene Familie lebt und eine glückliche Fügung mich hat zurückkehren und ankommen lassen.

Since when do you live in the city?
I was born in 1980 in the former Kirschberg hospital, today's police station and lived with some longer interruptions for 23 years in Weimar.

Where did you take the idea from for your business?
My love, Anna, and I have been looking for years for a joyfully, relaxed and professional place where you can drink wine, enjoy and talk. Where the focus is not on seeing-and-be seen, but rather on conversations, good wine from all over the world, and a few little dishes that come to the table. A living room in the middle of the city.

Why Weimar?
Born here and then trying to escape from the small town, I tried to make it in many places far and further away and always found a home. But for me homeland, however, is where the roots are, where the own family lives, and happy blessings have brought me back to Weimar to settle.

Which place must be seen in Weimar?
The magic feeling of the Ilmpark always attracts me and so does the new reading

Welchen Ort in der Stadt muss man unbedingt gesehen haben?

Die Magie des Parks an der Ilm zieht mich immer wieder in ihren Bann, seit ein paar Jahren auch der Neue Lesesaal der Anna Amalia Bibliothek und schon immer der Tresen von Robert und Dö in der Planbar.

Welches Geheimnis kannst Du uns über Weimar verraten?

Meine neueste Entdeckung ist die Erfurter Braumanufaktur Heimathafen von Jan Schlennstedt. Hier wird seit kurzem ein sensationell-ehrliches Bier von Hand gebraut und kann dort entweder mittwochs abgeholt oder an Ort und Stelle getrunken werden. Wenn man sich schon auf den Weg in Weimars große Nachbarschaft gemacht hat, sollte man unbedingt bei Maria Groß in der Bachstelze in Erfurt-Bischleben vorbeischauen. Nach Weimar zurückgekehrt, darf ein Gin Tonic im Roxanne am Marktplatz nicht fehlen. Am liebsten "LYONEL Dry Gin", einem hausgemachten Bio-Gin von Matthias Wiegands Manufaktur in Weimar.

room of the Anna Amalia Bibliothek and also sitting at the bar of Roberts and Dös pub (Planbar).

Some secrets about Weimar that you want to share?

My latest discoveries are the Braumanufaktur Heimathafen in Erfurt by Jan Schlennstedt in the local Zughafen. You'll find a sensational beer, brewed recently by hand, which can be picked up on Wednesdays. Now that you made your way to Weimar's big neighbourhood you should definitely check out Maria Gross in the Bachstelze in Erfurt-Bischleben and back in Weimar a gin tonic in the Roxanne on the Marktplatz is a must. Most preferably with the organic "LYONEL Dry Gin" from Matthias Wiegands Gin manufactory, based in Weimar.

46

Weinbar Weimar
drift away bar | Wein & Barfood

📍 Humboldtstraße 2,
   99423 Weimar

🔎 weinbar-weimar.de

📞 03643 4699533

🍷 €€€

📷 weinbarweimar

Editors Tip:
Check out the websites for wine tastings and other events!

NACHTS
BIG NIGHTS

47
Zum Falken
sometimes wild | verr(a)ucht

📍 Trierer Str. 7,
99423 Weimar

🔍 facebook/zumfalken

📞 03643 505566

🔖 €

48
Gerber - Wunderbar
punk & rough | links

📍 Gerberstraße 1/3
99423 Weimar

🔍 gerberstrasse.net

🔖 €

49
Planbar
chilled | sitzen & tratschen

📍 Jakobsplan 6,
99423 Weimar

🔍 planbar-we.de

📞 03643 502785

🔖 €

Salon Konetzny

Der Salon Konetzny bekommt wieder frischen Wind und wird das neue Hinterzimmer. Ab Oktober 2017 geht es mit geliebtem Gin tonic und Moscow Mule Geschlürfe wieder los. Unbedingt vorbeischauen, hier trifft sich die Szene!

After the big closing night of the former "Hinterzimmer", it will come back in October 2017 as Salon Konetzny. After a short rest it will go on with Gin tonics and Moscow Mules. New location, same crowd!

📍 Humboldtdtraße 18, 99423 Weimar
🔖 €

47

48

49

SCHWANSEESTR

FULDAER STR

WASHINGTONSTR

COUDRAYSTR

BRAHMSSTR

ERFURTER STR

ERFURTER STR

TRIERER STR

PAUL-SCHNEIDER-STR

A.-LINCOLN-STR

STEUBENSTR

W.-SHAKESPEARE-STR

GUTENBERGSTR.

SALVADOR-ALLENDE STR

CRANACHSTR

TRIERER STR

37

47

42 | ARE LOCATED OUTSIDE THE MAP

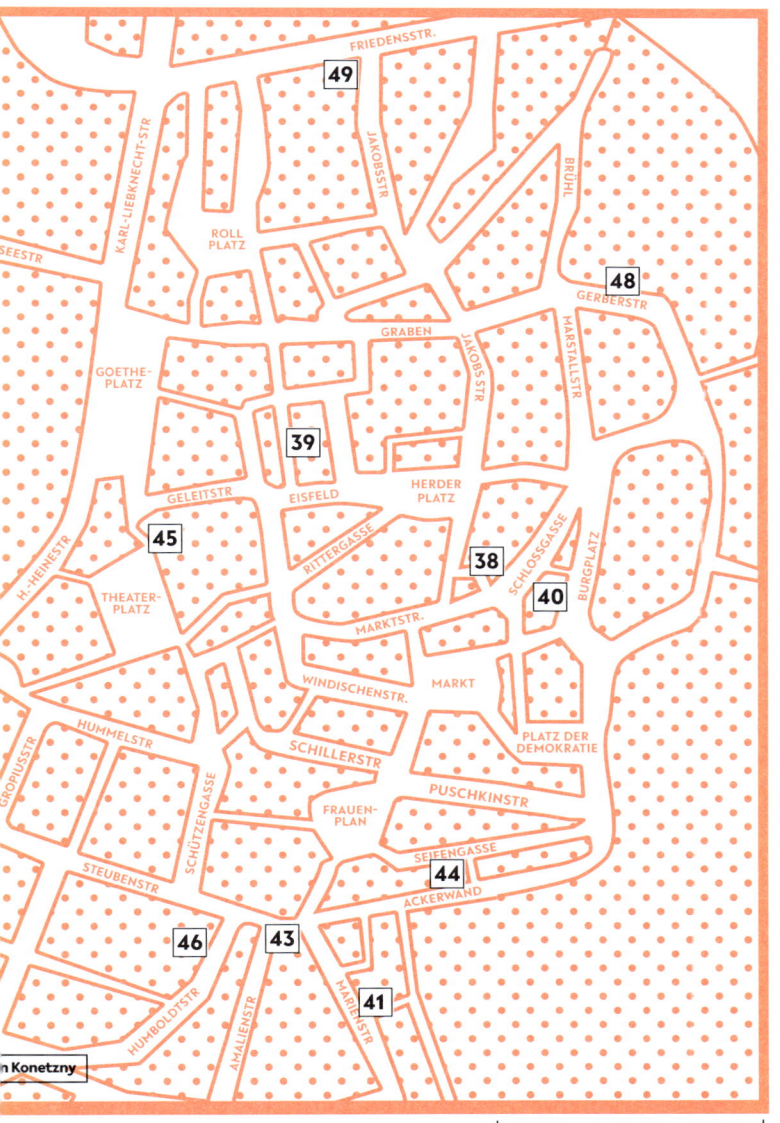

Trinknotizen

KAUFEN
BUY

Weimar beeindruckt mit kleinen Läden und neuen Concept-Stores. Design, Handwerk und kreative Einzelunternehmer sind überall in wunderschön eingerichteten Geschäften zu finden. Von regional über fair bis hin zu hochwertigem Design. Doch liegt manche Ladentür versteckt. Wir lüften das Geheimnis, wo Du echte Verkaufshelden findest und ihre kreative Arbeit mit Deinem Portemonnaie unterstützen kannst.

*W**Small shops, boutiques or hand crafting studios, new concept stores. Weimar offers a very creative and design orientated retail scene. Well, mother of Bauhaus as you know. We take you on a treasure hunt and please you to support our local dealers with your dollars!*

WEARABLES ZUM ANZIEHEN

50

Schauschau

local fashion | schöne Dinge

📍 Teichgasse 4,
99423 Weimar

🔎 schauschau.com

📞 03643 906468

💰 €€€

51

Die Zwillingsnadeln

hat couture | Kopfschmuck

📍 Windischenstraße 29,
99423 Weimar

🔎 facebook/diezwillingsnadeln

📞 03643 458020

💰 €€€

52

LoveAFair

fair clothes /nachhaltig

Im LoveAfair findet man ökologische und faire Mode. Neben internationalen Marken gibt es auch viel Nachhaltiges für Seele und Geist. Dabei ist LoveAfair auch ein eigenes Label, welches biologische Kleidung mit Siebdruck Mustern z.B. von der Illustratorin Jessica Herber anbietet.

In LoveAfair you will find organic and fair fashion. Next to international brands, there are lots of sustainable products for your mind and soul. LoveAfair is also a label of its own, which produces biological clothes with silkscreen prints by the illustrator Jessica Herber.

📍 Markstr. 22,
99423 Weimar

🔎 loveafair-weimar.de

📞 03643 4573424

💰 €€€

50

51

52

STADTELSTER

Verspielt, bunt und trendy mit einem guten Gefühl für Minimalismus: So kann man Jessica Herbers Schmuck und Illustrationen am Besten beschreiben.

Playful, colourful and trendy with a good sense for minimalism: The best way to describe Jessica Herber's jewellery and illustrations.

Seit wann lebst du in der Stadt?
Seit September 2009.

Since when do you live in Weimar?
Since September 2009.

Woher kam die Idee für dein Unternehmen?
Ich habe eine Ausbildung als Goldschmiedin absolviert und der Weg in die Selbstständigkeit war für mich die logische Konsequenz. Die Illustration als zweites Standbein kam erst später dazu, aber ich habe immer gezeichnet und meine Kunst hin und wieder in Ausstellungen gezeigt.

Where did the idea for your company come from?
I have completed an apprenticeship as a goldsmith and the logical consequence was to venture into independence. Illustration is another string to my bow, because I always did illustrations and had exhibitions every now and then.

Warum Weimar?
Weimar hat all das zu bieten, was auch eine Großstadt zu bieten hat. Zudem kurze Wege, reichlich Natur, die Klassik, den Tourismus und letztlich ein immenses Netzwerk an großartigen Designern aus allen Bereichen. Letzter Punkt war für mich persönlich ein sehr wichtiger Grund, um mich hier mit meinem Label "Stadtelster" niederzulassen.

Why Weimar?
Weimar has everything to offer what a big city has to offer. Additionally it has got very short ways, abundant nature, classical music, tourism and ultimately an immense network of great designers from all areas, which personally was an important reason to settle with my label Stadtelster.

Welchen Ort in der Stadt muss man unbedingt gesehen haben und warum?
Das ist eine schwierige Frage. In Weimar gibt es sehr viele tolle Orte, die man gesehen haben muss. Da ich mich entscheiden muss, würde ich auf jeden Fall

Which place in the city must be seen?
This is a tough question, as there are many great places to be seen in the city. I definitely recommend the Kirms-Krackow-Haus with its magically romantic garden in the middle of the city centre.

das Kirms-Krackow-Haus empfehlen mit seinem zauberhaft romantischem Garten mitten in der Innenstadt.

Welches Geheimnis kannst du über Weimar verraten?

Es ranken sich einige Mythen um Goethes Trauringe. Viele wissen z.B. nicht, dass sie damals unüblicherweise von einem Graveur und nicht von einem Goldschmied hergestellt wurden. Auch sind die Originalringe wohl bis heute unauffindbar.

Any secret you want to share?

Some myths surround Goethe's wedding rings. Many don't know that in former times rings were usually made by an engraver and not by a goldsmith. Also, the original rings are still untraceable.

53

Stadtelster
Jewellery | Illustration

📍 Vorwerksgasse 5, 99423 Weimar

🔎 stadtelster.de

📞 0176 62789995

🏷️ €€

📷 stadtelster

Editors Tip:

If you want to have your own personalised wedding rings, this is the right address.

LITTLE THINGS
KOSTBARKEITEN

54

Artographie
graphic design / papeterie

Artographie ist ein Projekt wo Grafik, Design, Büro und selbst gestaltete Papeterie zusammengehören. Wunderschön in Szene gesetzt, verlässt man den Laden nie mit leeren Händen.

    Artographie is a project that combines graphic, design, office and self-designed paper shop. Shop till you drop.

📍 Karlstraße 6,
   99423 Weimar

🔎 artographie-
   werkstatt.com

📞 03643 4433366

🏷 €€€

55

Moccarot
ceramics/ werkstatt & shop

Handgefertigte Keramik in schlichtem und ästhetischem Stil. Wie in einer Galerie kann man im Moccarot die Einzelstücke bewundern und wenn man möchte mit nach Hause nehmen.

    Handmade ceramics in simple and aesthetic style. Like in a gallery you can admire the individual pieces and take them home with you.

📍 Marktstraße 15,
   99423 Weimar

🔎 facebook/moccarot

📞 0160 96454313

🏷 €€/€€€

54

55

DESIGN WE.LOVE

DESIGN WE.LOVE ist ein kleiner Interior-shop, den man gleich an der Schillerstraße (Treppe runter) entdeckt. Was es dort zu sehen und zu kaufen gibt, sind vor allem Kleinserien und Unikat Ware u.a. von Absolventen der Bauhaus-Universität, Designklassiker und ausgewählte Einrichtungsprodukte. Mark Pohl, der Inhaber, ist immer auf der Suche nach neuen Schätzen, sodass sich auch das Sortiment immer verändert. Im gleichnamigen Onlineshop kann man von zu Hause einkaufen.

DESIGN WE.LOVE is a small Interior shop in a site street of Schillerstraße (downstairs). Mini series and unique items not only by Bauhaus graduates can be found as well as classic design pieces and selected objects with a Nordic touch. Mark Pohl, the owner, is always on a treasure hunt, that's why the shop collection changes from time to time. You can also shop online.

56

DESIGN WE.LOVE
design objects | trendy interior

📍 Schillerstraße 22,
   99423 Weimar
🔍 designwe.love
📞 0172 3562210
🏷️ €€

📷 designwe.love

Weimar *online*

Recyclist Workshop

Industrierelikt

Seit 2012 steht das Label für nachhaltige Streetwear aus Recyclingfasern. Ob kultiger Hoodie oder schicker Strickpullover – die Kollektionen bieten für jede Gelegenheit den passenden Style.

Since 2012 the label stands for sustainable street wear made of recycled Fibers. Whether you're looking for a cool hoodie or a chic knit sweater, our collections offer the right style for every occasion.

Karen Häcker und Michel Treiber, sind zusammen Industrierelikt. Sie stehen für moderne Mode, die versucht Ressourcen vor der Verschwendung der Industrie zu retten und etwas Neues zu schaffen.

Karen Häcker and Michel Treiber are well known under the label "Industrierelikt. The name stands for modern and elegant fashion, which aims to find new ways saving precious resources from the industrial wastefulness.

- recyclistworkshop.de
- info@recyclistworkshop.de
- €€€
- recyclist_workshop

- industrierelikt.com
- mail@industrierelikt.com
- €€€
- industrierelikt

Besonderefreu.de

Taschen und Betonleuchten bilden den Schwerpunkt bei besonderefreu.de. Es sind alles Unikate die in purer Handarbeit gefertigt werden, wobei die Materialien eine große Rolle bezüglich Gestaltung und Funktionalität spielen.

Bags and concrete lamps are the main focus at besonderefreu.de. They are all unique pieces that are made in pure craftsmanship, the materials playing a major role in design and functionality.

Anita Riesch

Das Label Anita Riesch steht für einzigartige und langlebige Produkte aus Keramik und Porzellan. Zwischen geraden Linien und süßen Nippes ist alles dabei, was das Herz erwärmt und dennoch funktional ist.

The label Anita Riesch stands for unique and long-lasting ceramic and porcelain products. Between straight lines and sweet nipples you'll find everything that warms the heart but still emphasizes its usability.

🔍 besonderefreu.de
✉ mail@besonderefreu.de
🏷 €€
📷 besonderefreu.de

🔍 anitariesch.de
✉ kontakt@anitariesch.de
🏷 €€
📷 anita.riesch

Luke backpacks

LUKE ist ein junges Label von Wiebke und Lucie Mueller. Die Rucksäcke visualisieren die Ästhetik des alten Leders, verbunden mit einem synthetischen (Mikrofaser) Velours, das für langlebige Rucksäcke geeignet ist.

LUKE is a young and brand new label represented by Wiebke and Lucie Mueller. Their backpacks visualize the aesthetic of old leather connected with a synthetic (microfiber) velour that is suitable for long-living backpacks.

Margret Aurin

Margret Aurin ist eine Illustratorin aus Weimar. Sie schafft digitale, bunte Bilder in denen die Visualisierung der Idee und eine ansprechende Stimmung im Vordergrund stehen.

Magret Aurin is an Illustrator based in Weimar. She creates digital colourful images with the effort to visualize the essence of the idea, create a decent mood or just have fun with a new palette.

- luke-backpacks.de
- hello@luke-backpacks.de
- €€€

- society6.com/margretaurin
- margret.aurin@gmail.com
- €€
- margretaurin

inLiebe-Papeterie

Wiegand Manufactur

Aus der besonderen Leidenschaft zum Papier entstand der Online-Shop für individuelle Papeterie, für Hochzeiten, besondere Anlässe, hochwertige Papierwaren, Stempel, sowie Dekorationsartikel.

From the special passion for paper, inLiebe-Papeterie created their online shop for individual stationery for weddings and special occasions, high-quality paper goods and stamps, as well as decorative items.

Frei nach dem Motto: „Weniger ist mehr" produziert die Wiegand Manufactur aus Weimar mit ihrer kleinen 100-Liter Destille zwei verschiedene Likör- und Gin-Sorten. Mit ihrem Heimat Likör und Lyonel Dry Gin erobert das kleine Familienunternehmen gerade den deutschen Spirituosenmarkt.

This small Weimar based Destillery produces hand crafted liquors and gins. Their Heimat Likör and Lyonel Dry Gin are getting quiet successful on the German market.

🔍 inliebe-papeterie.de

✉ kontakt@inliebe-papeterie.de

🏷 €€

📷 noumonda

🔍 wiegandweimar-shop.de

✉ kontakt@wiegandweimar.de

🏷 €€€

📷 lyonel.dry.gin

UM

FRIEDENSSTR.

KARL-LIEBKNECHT-STR

JAKOBSSTR

BRÜHL

SEESTR

ROLL
PLATZ

GERBERSTR

GOETHE-
PLATZ

GRABEN

JAKOBS STR

MARSTALLSTR

54

50

53

HERDER
PLATZ

GELEITSTR

EISFELD

SCHLOSSGASSE

BURGPLATZ

H.-HEINESTR

RITTERGASSE

THEATER-
PLATZ

56

52

MARKTSTR.

55

51

WINDISCHENSTR.

MARKT

PLATZ DER
DEMOKRATIE

HUMMELSTR

SCHILLERSTR

PUSCHKINSTR

GROPIUSSTR

SCHÜTZENGASSE

FRAUEN-
PLAN

SEIFENGASSE

STEUBENSTR

ACKERWAND

HUMBOLDTSTR

AMALIENSTR

MARIENSTR

200m

Shoppingliste

SEHEN
SEE

In Weimar bieten sich einige Touristenfallen, gerade wenn es sich um das Thema Goethe und Schiller dreht. Kunst und Kultur sollte man dort konsumieren, wo sie von Profis gemacht wird. Eigeninitiative wird in Weimar groß geschrieben, wodurch sich z.B. kleine unabhängige Galerien auftun. Auch die Bauhaus-Studis schlafen nicht: Es gibt immer wieder Ausstellungen und Veranstaltungen. Man muss einfach die Augen und Ohren offen halten.

__A__s in every famous city, we also have quiet a few tourist traps especially when it comes to our famous citizens, German writers Goethe and Schiller. Go where the pros are when you consume culture and art. Self motivation is a big word in Weimar and thanks to that we have e.g. small independent galleries opening. Also the students of the Bauhaus University don't sleep: There are exhibitions and events, you just have to open eyes and ears.

Augen auf

📍 Orangerie, Schloss Belvedere

Eye catcher

Musikgymnasium Belvedere

Geprägt von seiner Kunstszene, ist Weimar ein Ort der mit interessanten Bildern an jeder Ecke glänzt. Das Wichtige ist nur: Augen auf und entdecken.

Embossed by his art scene, Weimar is a place that shines with interesting images at every corner. Just open your eyes and discover. We show you some selected eye catchers worth a visit.

📍 *Buchenwald Mahnmal*

FÜHLEN |
FEEL

● Konzentrationslager Buchenwald

Denkmal an ein Denkmal | Als Gedenkstätte an die Menschen, die in Buchenwald ihr Leben gelassen haben, wurde am ehemaligen Appellplatz eine Edelstahlplatte mit den Namen der Opfer-Nationalitäten errichtet. Diese Platte wird ganzjährig auf 36,9 Grad, also die menschliche Körpertemperatur, erhitzt.

Walter Sachs, Ferdinand-Freiligrath-Str. 99423 Weimar

Märzgefallenen Denkmal
♀ *Historischer Friedhof*

ANNA AMALIA BIBLIOTHEK

Die Herzogin Anna Amalia Bibliothek ist eine der ersten öffentlich zugänglichen Fürstenbibliotheken in Deutschland und bewahrt u.a. Buchbestände auf, an denen Wieland, Goethe, Herder, Schiller und viele andere gearbeitet haben. Das Haus erhielt im ersten Stockwerk einen repräsentativen Büchersaal mit zwei Galerien im Stil des späten Rokoko. Das Sammelspektrum war von universaler Breite: Geschichte, Kunst und die europäische schöne Literatur waren besonders stark vertreten. Bedeutende Kunstwerke gehören bis heute zur Ausstattung. Am 02. September 2004 zerstörte ein verheerender Brand im Historischen Bibliotheksgebäude die oberen Stockwerke einschließlich der Kunstwerke und Bücher. 2005 wurde das lange vor dem Brand geplante neue Studienzentrum einschließlich des Tiefmagazins fertiggestellt. 2007 wurde das sanierte Bibliotheksgebäude wiedereröffnet. Der Bestand umfasst etwa 1 Millionen Bände, darunter ca. 200.000 aus der Zeit vor 1850. Die Bibliothek versteht sich heute als Forschungsbibliothek für Literatur- und Kulturgeschichte mit Schwerpunkt auf der Zeit um 1800. Teile der Bestände stammen aus dem Privatbesitz des ehemals regierenden Großherzoglichen Hauses Sachsen-Weimar und Eisenach.

The Anna Amalia Bibliothek is one of the first publicly accessible royal libraries in Germany and preserves the book collections that Wieland, Goethe, Herder, Schiller and many others have worked on. The first floor contains a representative library with two galleries in the style of the late rococo. The collection spectrum was of universal breadth: history, art and the European fine literature were particularly strongly represented. Major works of art are still part of the equipment. On September 2, 2004, a devastating fire in the Historical Library Building destroyed the upper floors, including works of art and books. In 2007 the historic library was restored and reopened with the new study centre, including a large stack-room. The collection covers approximately 1 million volumes, including about 200,000 from before 1850. The library is today a research centre for literary and cultural history with an emphasis on the period around 1800. Parts of the collection are from the private estate of the former Grand Duke Saxony-Weimar and Eisenach.

Oskar Schlemmer
📍 *Van-de-Velde Winkelbau*

Haus am Horn

Herderkirche

Gauforum

📍 *Jakobsplan*

📍 Hauptbahnhof

📍 *Mensa am Park*

 Neues Museum Weimar

Haus Hohe Pappeln

📍 Trauerhalle, *Historischer Friedhof*

WEIMAR
MADE

ULRIKE
THEUSNER

Ulrike Theusner ist eine der aufstre-
benden Künstler Deutschlands. In ihren
Werken arbeitet sie mit verschiedenen
Medien, Techniken und Materialien
wobei Ihre Handschrift immer unver-
kennbar bleibt. Ulrikes Schaffensweg
hat in Weimar begonnen, wo sie auch
ihr Atelier hat.

Ulrike Theusner is one of Germany's
up-and-coming artists. In her work,
she uses different media, techniques
and materials, while her signature style
is always evident. In addition, Ulrikes
career started in Weimar, where she
still has her studio.

Seit wann lebst Du in der Stadt?

Seit über 25 Jahren. Meine Eltern sind kurz vor der Wende hergezogen. Ich habe hier meine Schulzeit verbracht und auch ein Studium an der Bauhaus-Universität absolviert. Trotz vieler Auslandsaufenthalte hat es mich immer wieder hergezogen.

Woher kam die Idee für Dein Unternehmen?

Zunächst hielt ich es für sinnvoll Architektin zu werden, doch im Laufe des Studiums wuchs das Verlangen, vollkommen frei zu arbeiten ohne jegliche Vorgaben. So habe ich Freie Kunst in Weimar und Nizza studiert und bin seit meinem Diplom als freischaffende Künstlerin tätig.

Warum Weimar?

Weimar ist ein wahres Paradies. Es ist klein und abgeschieden und gleichzeitig auch lebendig und weltoffen. Durch die über 5000 Studenten der Bauhaus-Uni und der HFM "Franz Liszt" bleibt die Stadt dynamisch und bietet mehr als andere touristische Residenz Städtchen. Berlin, Leipzig und Frankfurt sind nicht weit entfernt, und so eignet sich die Stadt als gute Basis zum konzentrierten Arbeiten und als Ruhepol abseits der hektischen Anonymität der Großstädte.

Welchen Ort in der Stadt muss man unbedingt gesehen haben?

Die Allee des historischen Friedhofs finde ich zu jeder Jahreszeit wunderschön. Dort herrscht eine besondere Aura. Auch die Russisch-Orthodoxe Kirche neben der Fürstengruft hat mich schon als Kind fasziniert. Dort empfängt einen auf wenigen Quadratmetern eine vollkommen

Since when do you live in the city?

For over 25 years. My parents moved here just before the reunion. I went to school here and also studied at the Bauhaus University. Despite many stays abroad, it has always pulled me home.

Where did you take the idea for your business from?

At first I thought it would be useful to be an architect, but during my studies, I desired to work completely free, without any pretensions. I studied fine arts in Weimar and Nice and have been working as a freelance artist ever since my diploma.

Why Weimar?

Weimar is a true paradise. It is small and secluded and at the same time lively and cosmopolitan. With more than 5,000 students at the Bauhaus University and the HFM "Franz Liszt", the city remains dynamic and offers more than other tourist residences. Berlin, Leipzig and Frankfurt are not far away, so the city is a good base for concentrated work and as a resting-place away from the hectic anonymity of the big cities.

Which place must be seen in Weimar?

The avenue of the historical cemetery is beautiful in every season. There is a special atmosphere. The old Russian Orthodox Church next to the Fürstengruft fascinated me as a child. On a few square meters, a completely different and fabulous world exists.

Any secret about Weimar, you want to share?

Weimar once hosted a huge lake. Win-

andere, märchenhafte Welt.

Welches Geheimnis kannst Du uns über Weimar verraten?

Weimar beherbergte einmal einen riesigen See. Win-mar: "Der heilige See." Und um das Schloss ging einmal ein tiefer Graben. Das steht inzwischen sicher auch in Wikipedia. Spannender ist vielleicht zu wissen, dass Weimar viele versteckte Perlen hat, die man finden kann, wenn man aufmerksam ist. Spontane Konzertabende in Privatwohnungen mit hochkarätigen Musikern , Jazz-Sessions im Künstlergarten oder sommerliche Filmvorführungen in der Kirschplantage ...

mar: The holy lake. There was a deep moat around the castle. This is certainly in Wikipedia. More exciting is perhaps to know that Weimar has many hidden pearls that you can find, if you are attentive - whether spontaneous concerts in private places, jazz sessions in the Künstlergarten or summer film screenings in the Kirschplantage ...

Ulrike Theusner
Artist | Atelier

- ulrike-theusner.de
- ulrike.theusner@gmail.com

- ulriketheusner

KIOSK.6

Der alte DDR-Kiosk am Sophienstiftsplatz hinter dem Weimarer Theater besticht durch seine besondere Architektur, sowohl Studenten als auch alt-eingesessene Weimarer kennen ihn gut. Der gläserne Kasten hat in den letzten Jahren gezeigt, wie wandelbar er ist und hat auch unsere Begeisterung geweckt.

The old GDR kiosk at the Sophienstiftsplatz behind the theatre is a relict. Impressive for its uncommon architecture everyone knows it well. In recent years the glass box has shown how versatile it is and has also aroused our enthusiasm.

Den Kiosk gibt es in vielen Kulturen und Ländern. In Deutschland wurde er anfangs Trinkhalle genannt, denn es wurde hauptsächlich Mineralwasser verkauft. Das Sortiment weitete sich schnell aus, auf andere alkoholfreie Getränke, Tabak und Süßwaren. Alkohol wurde erst nach dem zweiten Weltkrieg verkauft. Der alte DDR-Kiosk am Sophienstiftsplatz ist ein Ort zwischen den Orten: Er ist ein Verbindungselement zwischen Fußgängerzone und Wohngebiet. Der Kiosk ist Knotenpunkt des täglichen Lebens und lebt von der Laufkundschaft. Mittlerweile heißt er Kiosk.6, da er seit einigen Jahren als Ausstellungsort zur MARKE.6 gehört, einer studentischen Initiative an der Bauhaus-Universität. Der Kiosk wechselt immer wieder sein Gesicht, da er eine gute Projektionsfläche für die Ideen der jungen Künstler und Kreativen darstellt. Vom Kiosk zum Illustrations Ort oder vom Archiv zum Obststand. Er ist ein Ort der kommuniziert.

The "kiosk" is known in many cultures and countries, here in Germany it was initially called the "Trinkhalle", where mainly mineral water was sold. The range was quickly extended to other non-alcoholic drinks, tobacco and candies. After WW II they started selling alcohol as well. The old GDR-Kiosk at the Sophier stiftsplatz is a place between the places. It is a connecting element between pedestrian zone and residential area. The kiosk is the hub of daily life and lives on the track. By now he is called Kiosk.6, since for some years he has been an exhibition centre for the MARKE.6, a student initiative at the Bauhaus University. The kiosk always changes its face as it provides a good projection surface for the ideas of the young artists and creative people. From a kiosk to an illustration site, an archive or a fruit and vegetable sales point, it is a place from which to communicate well with the public.

57

Galerie Eigenheim

modern art/ idyllische Lage

Die Galerie Eigenheim wurde als Raum für zeitgenössische Kunst und Kommunikation gegründet. Die Galerie ist Heim für Einzel- und Gruppenausstellungen von internationalen Künstlern und hält auch Lesungen und Events.

The gallery Eigenheim was founded as a space for contemporary art and communication. The gallery hosts to individual and group exhibitions by international artists and also holds readings and events.

📍 Asbachstraße 10, 99423 Weimar

🔎 galerie-eigenheim.de

📞 03643 489962

58

Iconotop

*local art/*Projekt Ort

Christian Fingers Galerie Iconotop hat sich zur Aufgabe gesetzt, zeitgenössische Werke von Künstlern aus dem mitteldeutschen Raum zu zeigen. Neben Wechselausstellungen werden Performances, kleine Konzerte und musikalisch einmalige Sessions, Lesungen und Vorträge realisiert.

Christian Fingers Gallery Iconotop aims to show contemporary works by artists from central Germany. In addition to changing exhibitions, performances, small concerts and unique music sessions, also readings and lectures are realized.

📍 Herderpl. 12, 99423 Weimar

🔎 iconotop.de

📞 0170 8822045

57

58

ACC GALERIE

Die ACC Galerie Weimar ist 1987 im Zentrum von Weimar entstanden und produzierte 1988 erstmalig Veranstaltungen für die Öffentlichkeit. Frank Motz ist einer der brillianten Köpfe, der außergewöhnliche Gegenwartskunst nach Weimar bringt und sie im ACC zeigt.

Seit wann lebst Du in der Stadt?
Seit September 1987.

Woher kam die Idee für Dein Unternehmen?
Ich hatte 1987 als Soldat des Grundwehrdienstes im Fernsehraum der 7. Kompanie in „meiner" NVA- Garnisonsstadt Döbeln so vor mich hin geträumt, dass der Betrieb eines unabhängigen, selbstständigen Kulturzentrums (als unselbstständiges Kind in einer doch recht abhängigen DDR) wohl das Größte sein müsse. Ein Traum eben. Nach der Besetzung eines Goethehauses inmitten Weimars, in dem ein Freund und ich zunächst nur wohnen wollten, ergab es sich, dass dies für halböffentliche Partys mit Ausstellungsambiente der perfekte Ort sein würde. Dann meinte ein anderer Freund, dass wir uns doch trauen sollten, auch mal „bildende Kunst" zu zeigen. Die kamen dann auch – und so hat sich die Kunst selbst ihren Weg ins Haus gesucht.

Warum Weimar?
Zufall. Noch ein Freund, Soldat einer

The ACC Galerie Weimar was founded in 1987 in the center of Weimar and produced events for the public for the first time in 1988.
Frank Motz is one of the brilliant minds who brings extraordinary contemporary art to Weimar to showcase in the ACC.

Since when do you live in the city?
Since September 1987.

Where did you take the idea from for your business?
In 1987, when I was completing my military service in the GDR town Döbeln, I was dreaming of opening an independent cultural centre (for I was a dependent child in a depending GDR).For me an unbelievable dream. After the occupation of a building in the middle of Weimar, where a friend and I initially only lived, it turned out as the perfect place for half-public parties with an exhibition space. Contrary to the very strict regulated culture of the GDR, we started to show fine arts by inviting artists and so art itself made its way into our rooms.

Why Weimar?
By coincidence. A friend of mine recommended to study civil engineering, what I did. Thanks god, I never finished my studies - it would have been a disaster for the buildings and myself. Weimar's calm, green idyll (especially in the Ilmpark),

anderen Kompanie im selben Regiment, empfahl mir, ich solle doch mit ihm anfangen, in Weimar Bauingenieurswesen zu studieren, was ich tat. Gottlob brachte ich das Studium nie zum Abschluss – es wäre ein Desaster für die Baukörper und mich geworden. Weimars Ruhe, grüne Idylle (vor allem im Ilmpark), Nähe zwischen seinen wichtigen und unwichtigen Orten, Geschichtsdichte und kreativer Geist binden mich bis heute an die Stadt – Goethe ging genau da, wo ich sitze, ein und aus. Ich möchte hier nicht mehr weg, sondern so spät es geht.

Welchen Ort in der Stadt muss man unbedingt gesehen haben?

Die lichten Atelierräume mit ihren riesigen Fassade-Dach- Fenstern im dritten Stock des Hauptgebäudes der Bauhaus-Universität Weimar. Von 1904 bis 1911 nach Henry van de Veldes Plänen errichtet, war dieser Jugendstil-Kunstschulbau 1919 Gründungsort des Bauhauses und ist inzwischen UNESCO- Weltkulturerbe. Derzeit von Architekten und Urbanisten genutzt, kann man sich dennoch vorstellen, wie die Seelenverwandten Klee und Kandinsky sich durch die kleinen Seitentüren von Atelier zu Atelier die Pinsel reichen.

Welches Geheimnis kannst Du uns über Weimar verraten?

Goethe wohnte von 1776-1777 im heutigen ACC. Der Archivar und Historiker Volker Wahl lüftet in seinem Exkurs über Goethes ersten Weinkeller in Weimar das Geheimnis, wo dieser sich befand: in den beiden Tonnengewölben im Kellergeschoss unterm ACC Café- Restaurant. Schon

proximity between its important and unimportant places, history, and creative spirit have bound me to the present day. I do not want to leave, but if I have to then as late as possible.

Which place must be seen in Weimar?

The light-flooded studios in the Bauhaus University with their huge windows on the third floor of the main building. Built from 1904 to 1911 according to Henry van de Veldes conception, it was the place of foundation of Bauhaus. Meanwhile it is as an UNESCO World Heritage site. Currently used by architecture and urbanism students, you can still imagine how Klee and Kandinsky went in and out.

Any secret about Weimar, you want to share?

Goethe lived from 1776-1777 in today's ACC. The record keeper and historian Volker Wahl reveals in his writings about Goethes first wine cellar in Weimar: It was right under our ACC Café - Restaurant.

bald werden dort wieder Niersteiner und andere Rheinhessenweine gelagert und ausgeschenkt.

59

ACC Galerie
Alternative | Moderne Kunst

📍 Burgpl. 1,
99423 Weimar

🔍 acc-weimar.de

📞 03643 851161

🏷 €

bauhaus museum weimar

bauhaus museum weimar, Perspektive Foyer
Entwurf von Prof. Heike Hanada mit Prof. Benedict Tonon

2019 feiert Deutschland mit Partnern aus aller Welt das 100-jährige Gründungs-jubiläum des Bauhauses. Es gilt heute international als bedeutendste Design- und Kunstschule des 20. Jahrhunderts. Zum großen Jubiläum eröffnet die Klassik Stiftung Weimar am Bauhaus-Grün-dungsort Weimar ein neues Museum. Das "bauhaus museum weimar" wird mit zeitgenössischer Architektur und multi-medialer Ausstellungsgestaltung nicht nur die Schätze der weltweit ältesten

2019 Germany celebrates the 100th an-niversary of the founding of the Bauhaus with partners from all over the world. Today, it is regarded internationally as the most important design and art school of the 20th century. On the occasion of the great anniversary, the Klassik Stiftung Weimar is opening a new mu-seum at the Weimar Bauhaus Founda-tion. With its contemporary architecture and multimedial exhibition design, the "bauhaus museum weimar" is not only

bauhaus museum weimar, Perspektive Lounge
Entwurf von Prof. Heike Hanada mit Prof. Benedict Tonon

Bauhaus-Sammlung neu inszenieren. Ab 2019 verknüpft der Museumsneubau Weimarer Bauhaus-Geschichte mit den Fragen der Lebensgestaltung von Heute und Morgen. Als Ort der Begegnung, Offenheit und Diskussion in einem neu entstehenden Kulturquartier bietet es zeitgenössische Perspektiven auf die ambivalente Wirkungsgeschichte der Moderne von ihren Anfängen bis ins Jetzt.

the ideal location for the treasures of the world's oldest Bauhaus collection. From 2019 onwards, the museum's new building combines Weimar Bauhaus history with the questions about of today's and future way of living. As a place of encounter, openness and discussion in a newly emerging cultural quarter, it offers contemporary perspectives on the ambivalent impact of modernism from its beginnings to the present.

EVENTS
EREIGNISSE

SOMMER

Genius Loci
📍 Centre
🔍 genius-loci-weimar.org

Weinfest
📍 Frauenplan
🔍 weimar.de

Summaery
📍 Mainly on Bauhaus Campus
🔍 uni-weimar.de/summaery

Juni im Juli
📍 Different locations
🔍 juli-im-juni.de

Yiddish summer
📍 Different locations
🔍 yiddishsummer.eu

HERBST

Zwiebelmarkt
📍 Centre
🔍 zwiebelmarkt.org

WINTER

Design Winter

📍 Design Apartments Weimar
🔎 facebook/
designapartmentsweimar

Bauhaus Weihnachtsmarkt

📍 Bauhaus Campus
🔎 uni-weimar/bauhaus-
Weihnachtsmarkt

Winterwerkschau

📍 Bauhaus Campus
🔎 winterwerkschau.bau-ha.us

FRÜHLING

Walpurgisnacht

📍 E-Werk
🔎 ewerkweimar.info

1. Mai Flohmarkt

📍 Whole Centre
🔎 weimar.de/flohmarkt

Spacekid headcup

📍 Leibnizallee
🔎 skhc.de

Fête de la Musique

📍 Centre
🔎 fete.weimar.de

bauhaus
museum
weimar

FRIEDENSSTR.

KARL-LIEBKNECHT-STR

JAKOBSTR

BRÜHL

ROLL
PLATZ

SEESTR

GERBERSTR

GRABEN

JAKOBSTR

MARSTALLSTR

GOETHE-
PLATZ

58

GELEITSTR

EISFELD

HERDER
PLATZ

H.-HEINESTR

RITTERGASSE

SCHLOSSGASSE

BURGPLATZ

THEATER-
PLATZ

59

MARKTSTR.

WINDISCHENSTR.

MARKT

HUMMELSTR

SCHILLERSTR

PLATZ DER
DEMOKRATIE

Anna
Amalia
Bibliothek

EOPHUSSTR

SCHÜTZENGASSE

FRAUEN-
PLAN

PUSCHKINSTR

SEIFENGASSE

STEUBENSTR

ACKERWAND

HUMBOLDTSTR

AMALIENSTR

MARIENSTR

200m

Seeliste

TANZEN
DANCE

Tanzen in Weimar ist nicht unbedingt die erste Wahl, um sich hier die Zeit zu vertreiben. Regelmäßige Club Nights oder Disko Schuppen sucht man hier vergeblich. Die Tanzszene ist immer in Bewegung und richtet sich in hohem Maße nach der Beweglichkeit der Studenten. Dennoch gibt es jetzt einen auf die Zwölf. Hangover-Nights stehen bei uns genauso auf dem Programm wie Openair-Veranstaltungen.

__T__o dance or not to dance. Dancing in Weimar is not necessarily the first choice in order to pass the time here. Regular club nights or discos are vain in this city. The club life in Weimar is as vivid as the student life. But we show you where to find your inner dancing queen or get stuck in quirky bars for a hangover.

60

C.Keller

dance & sweat | Kellerdisko

Mitten am Marktplatz befindet sich der C.Keller, was man auch unschwer daran erkennen kann, dass immer Leute davor stehen. Es gibt Live-Konzerte und DJs, wobei das Publikum so wandelbar ist wie die Musik die gespielt wird. Jeder darf hin, alles wird gespielt. Klingt nach Spaß!

Located at the market square is the C.Keller, which is also easy to recognize that people always stand before it. There are live concerts and DJs whereby the audience is as changeable as the music played. Everyone can go, everything is played. Sounds fun!

📍 Markt 21,
99423 Weimar

🔎 c-keller.de

📞 03643 502755

🏷 €

61

E-Werk

industrial | elektro

Das E-Werk ist ein ganz besonderer Ort: Hier trifft sich Hochkultur und Underground. Das ehemalige Elektrizitätswerks mit seiner 9 m hohen Halle hat einen ganz besonderen Charme, der mit dem sonst so klassischen Weimar bricht. Es finden Festivals, Ausstellungen, aber auch Theater Vorführungen statt. Augen und Ohren auf!

The E-Werk is a very special place: here high culture and underground meet. The former power station with its 9 m high hall has a very special charm, which breaks with the classic Weimar. There are festivals, exhibitions, as well as theatre performances. Open your eyes and ears!

📍 Am Kirschberg 4,
99423 Weimar

🔎 ewerkweimar.info

🏷 €€

60

61

WEIMAR
MADE

MARTIN
KOHLSTEDT

Martin Kohlstedt ist Musiker, Pianist, Komponist und Produzent.
Es ist ein wahres Erlebnis ihn Live spielen zu hören, denn er fügt den Stücken immer wieder was hinzu oder interpretiert sie neu. Auch er zählt zu den großen Namen Weimars.

Martin Kohlstedt is a musician, pianist, composer and producer.
It is a real experience to hear him play live, because he always adds or reinterprets his songs. He too is one of the great names of Weimar.

Seit wann lebst Du in der Stadt?

Im Oktober 2007 habe ich begonnen an der Bauhaus-Universität Medienkunst/Mediendesign zu studieren.

Woher kam die Idee für Dein Unternehmen?

Durch die langen Reifeprozesse, die die Universität und Stadt erlaubten, konnte ich mich in vielen verschiedenen Bereichen ausprobieren. Mit experimentellem Radio hat alles begonnen, dann folgte das Programmieren von Webseiten und Spielen, Roboter wurden gebaut und Science-Fiction-Hörbücher produziert. Nachdem ich nach und nach jedem Kindheitstraum gerecht wurde, habe ich auf den kurzen Wegen Weimars meine Bands kennengelernt und parallel die ersten Filmmusiken für Kommilitonen komponiert. Nach ein paar Jahren als Mitstreiter in verschiedensten Kollektiven, begann 2012 mein Solo-Projekt als Komponist und Pianist. Manchmal braucht es wohl etwas mehr Zeit und Ruhe, bis sich die eigentliche Fahrtrichtung aus den unendlichen Möglichkeiten herauskristallisiert.

Warum Weimar?

Weimar ist ein Reaktor. Verschiedenste Disziplinen auf engstem Raum reagieren miteinander, erhitzt jedoch nur mit der Stufe 6 von 10. Mehr Ruhe und Zeit, mehr Konzentration, weniger Ablenkung, mehr Reflektion. Beziehungen beginnen bereits auf dem 2. Level, aufgesetzte Schutzhelme lohnen sich nicht, auch der angestrengte Erstsemester aus Berlin Kreuzberg, dem das Entertainment-Programm Weimars gewiss nicht ausreicht, muss sich nach

Since when do you live in the city?

In October 2007, I started studying at the Bauhaus University of Media Arts / Mediendesign.

Where did you take the idea from for your business?

Due to the long maturity processes that the university and city allowed, I was able to experiment artistically in many different fields. Everything started with experimental radio, then programming websites and games, building robots and producing science fiction audiobooks. After gradually coping with every childhood tract, I got to know my bands in the short ways of Weimar, and composed the first soundtracks for other students. After a couple of years as a contestant in various collectives, 2012 finally my solo project as composer and pianist began. Sometimes it takes a bit more time and rest until you find your way through the infinite possibilities.

Why Weimar?

Weimar is a reactor. A variety of disciplines react to each other in a confined space, but only with the level 6 of 10. More peace and time, more concentration, less distraction, more reflection. Relationships already begin on the 2nd level. Protective helmets are not worthwhile, because also the struggling first semester student from Berlin Kreuzberg, who is certainly not amused by the entertainment program of Weimar, has to stand up after a few months and understand that he has to clean out his apartment and initiate events for the community on his own. And this is luckily made with 3

ein paar Monaten eingestehen, dass man wohl selbst Hand anlegen muss und zum Beispiel die Wohnung ausräumen, um dort aus eigener Kraft Veranstaltungen für die Gemeinschaft zu initiieren. Und das ist in Weimar glücklicherweise mit dre9 Telefonaten gemacht. Ein unheimlich großes Entwicklungspotential für jeden noch so kleinen Gedanken. Dir selbst kannst du hier schlecht ausweichen, dafür musst du die Stadt immer mal wieder verlassen und in die Anonymität der Großstädte abtauchen.

Welchen Ort in der Stadt muss man unbedingt gesehen haben?

Weimar ist eher das Resultat unzähliger besonderer Plätze, die gerade im Kontext zu den umliegenden Orten ihre Potentiale entfalten. Die stetige Reibung zwischen unterschiedlichen Epochen, Stilen und Menschen macht die Energie der Stadt schon aus. Oft verborgen hinter fast schon stillstehenden, überblümten Fassaden und kitschigen Zitaten, bewegt sich Weimar im Untergrund und regt zum ständigen Diskurs an. Es bringt Leute aus aller Welt zusammen und entwickelt dadurch eine ganz eigene Dynamik. Zurück zum Lieblingsort: Unbedingt im Koi7 essen gehen.

Welches Geheimnis kannst Du uns über Weimar verraten?

Man muss ein paar Stunden allein im Ilmpark sitzen, bei Goethes Ruinen, ganz leise und aufmerksam sein, dann kann man Einhörner entdecken. Ich selbst habe aber auch erst einmal eins gesehen.

phone calls in Weimar. A huge potential for development for every little thought. You cannot avoid yourself, for that you have to leave the city again and again to dive into the anonymity of the big city.

Which place must be seen in Weimar?

Weimar is more the result of countless special places, which unfold their potential precisely in the context of the surrounding places. The constant friction between different eras, styles and people makes the energy of the city. Often hidden behind almost still-standing, overblown façades and kitschy quotations, Weimar moves in the underground, stimulating constant discourse, bringing together people from all over the world, thereby developing a very own dynamic. Back to my favourite place: You should definitely go to Koi7.

Any secret about Weimar, you want to share?

One must sit alone in the Ilmpark for a few hours, at Goethe's ruins. If you are very quiet and attentive, you can see an unicorn! I saw one once …

Martin Kohlstedt
Musician | Musiker

🔍 martinkohlstedt.com
✉ press@martinkohlstedt.com

📷 martinkohlstedt

Praeparadies

smooth electronics | minimalismus mit zack

- 📍 founded in Weimar, Parties around Weimar, also elsewhere
- 🔎 facebook/praeparadies soundcloud.com/praeparadies
- ✉ praeparadies@gmx.de

Somedate

party culture | jung & elektro

- 📍 Feierkultur in Weimar
- 🔎 somedate.de somedate-blog.tumblr.com
- ✉ mail@somedate.de

We are beat

wild rock 'n soul | wilde 50-70er

- 📍 London/Weimar/Berlin
- 🔎 we-are-beat.de soundcloud.com/we-are-beat
- ✉ post@we-are-beat.de

Sofar sounds - Weimar

cosy concerts | spotan

- 📍 Location is revealed two days before
- 🔎 sofarsounds.com

No regular party schedule!
Check the web and open your eyes for crazy posters on the walls.

FRIEDENSSTR.

KARL-LIEBKNECHT-STR

JAKOBSSTR

BRÜHL

ROLL
PLATZ

SEESTR

GERBERSTR

GOETHE-
PLATZ

GRABEN

JAKOBS-STR

MARSTALLSTR

HERDER
PLATZ

GELEITSTR

EISFELD

RITTERGASSE

H.-HEINESTR

THEATER-
PLATZ

MARKTSTR.

SCHLOSSGASSE

BURGPLATZ

WINDISCHENSTR.

MARKT

60

PLATZ DER
DEMOKRATIE

GROPIUSSTR

HUMMELSTR

SCHILLERSTR

PUSCHKINSTR

SCHÜTZENGASSE

FRAUEN-
PLAN

SEIFENGASSE

STEUBENSTR

ACKERWAND

HUMBOLDTSTR

AMALIENSTR

MARIENSTR.

200m

Tanznotizen

LESEN
READ

Eine gute Nachricht: Die klugen Köpfe sind nicht mit Goethe und Schiller ausgestorben. Auch heute ist Weimar ein Tummelplatz der Gedanken. Das Lesen hat Dank Anna Amalia, Luther und unseren Dichterfürsten eine lange Tradition. Dank der kreativen Szene und den kurzen Wegen in Weimar finden sich Fotografen, Grafiker und Texter bei einem Bier im Falken und "PENG": Ein neues Magazin. Alles was folgt ist Made in Weimar.

***G**ood news: The clever heads have not died out with Goethe and Schiller. Still today Weimar is a place for thinkers. Reading has thanks to Anna Amalia a long history in the city. Again, thanks to the creative scene and the shorts way, photographers, graphic designers and authors meet and "BANG" here you go, a new magazine. Everything that follows is made in Weimar.*

BLOGS

Herbert Blog

Herbert hält Dich auf dem Laufenden über Projekte, Events und Vorträge zum Thema Grafik Design an der Bauhaus Uni.

Herbert is a blog for Bauhaus Graphic design projects, works, lectures and events.

Some rooms of fortune

Some Rooms Of Fortune präsentiert ausgewählte Arbeiten aus den Fotografie Kursen von Nina Röder an der Fakultät Kunst und Gestaltung der Bauhaus-Universität Weimar.

Some Rooms of Fortune presents selected works from the photography courses of Nina Röder at the Faculty of Art and Design of the Bauhaus-Universität Weimar.

🔍 herbert.gd

🔍 someroomsoffortune.com

MAGAZINE

LE MILE

Hausen

Die Zeitschrift LE MILE schafft eine Plattform für Künstler, Visionäre und kreative Leute im Bereich Fashion und realisiert neue, künstlerische Arbeiten und Ideen in einem Umfeld, das frei von Egoismus und Barrieren ist.

The magazine LE MILE creates a platform for artists, visionaries and creative people of the fashion industry and realizes new artistic work and ideas in an environment that is free of egoism and barriers.

Hausen zeigt Designer, Produkte und Marken, die neu sind und Aufmerksamkeit verdienen. Der Fokus liegt auf Möbel und Design im fotografischen Kontext und bringt mit jeder Ausgabe Inspiration zum Einrichten in Dein Zuhause.

Hausen shows designers, products and brands that are new and deserve attention. The focus is on furniture and design in the photographic context, and with every issue, inspiration comes into your home.

🔎 lemilestudios.com

🔎 designwe.love

HANT-Magazin

Die Epilog

HANT ist ein junges Magazin für Fotografie aus Thüringen und für den Rest der Welt. In der kargen Thüringer Bilderlandschaft, in der es kaum eine Plattform für Fotografie gab, macht es sich auf die Jagd nach bisher Ungesehenem. HANT ist die Lautschrift für das englische Wort „hunt" und bedeutet „jagen": Wie passend.

HANT is a young magazine for photography from Thuringia and for the rest of the world. In the sparse Thuringian picture landscape, where there is hardly a platform for photography, it makes itself on the hunt for hitherto unseen. HANT is the lute for the English word "hunt" and means "chase": How appropriate.

Die Epilog ist das junge Zeitgeist Feuilleton. Die Zeitschrift zum Gesellschaftswandel erscheint seit 2013 bundesweit an allen Bahnhöfen und im gut sortierten Magazin Handel. Mit einem Kultur theoretisch informierten Blick sucht sie den großen Gesellschaftswandel in den kleinen und alltäglichen Dingen, Gesten und Trends.

Die Epilog is the young Zeitgeistfeuilleton. The magazine appears since 2013 nationwide at all stations and well-stocked magazine trades. With a culturally theoretically informed view, it seeks for the big change in society in the small and everyday things, gestures and trends.

🔎 hant-magazin.de

🔎 die-epilog.de

Horizonte

Horizonte ist eine studentische Initiative an der Bauhaus-Uni Weimar, die aus Vorträgen, Workshops und einem Magazin besteht. Jedes Jahr findet die Reihe "Horizonte" im Rahmen eines Themas zur modernen Architektur statt. Das Magazin dient als Dokumentation, aber auch als Vertiefung des Themas.

Horizonte is a student initiative at the Bauhaus-Universität Weimar, which consists of lectures, workshops and a magazine. Every year it is held in the context of a theme of modern architecture. The magazine serves as documentation, but also as an extension of the theme.

Lucia Verlag

"Den Zeitgeist des kulturellen Lebens in Weimar einfangen, an die Öffentlichkeit tragen und archivieren" – lautet das erklärte Ziel des LUCIA Verlages Aus einem studentischen Projekt wuchs der LUCIA Verlag heran, der nun ehrenamtlich von Studierenden, Alumni und freien Mitarbeitern getragen wird.

The LUCIA publishing house is the declared goal of the cultural life in Weimar, to carry it to the public and to archive it. From a student project grew the LUCIA publishing house, which is now supported voluntarily by students, alumni and freelancers.

🔎 m18.uni-weimar.de/horizonte/   🔎 luciaverlag.de

Leseliste

MACHEN
DO

Aktivurlauber kommen in Weimar voll auf ihre Kosten, denn das Angebot ist groß und die Landschaft traumhaft. Wandern, klettern, Rad fahren oder schwimmen, such dir Deinen persönlichen Stimulator aus. Hier jedenfalls wird Deine Muskulatur im Urlaub nicht schlaff. Nicht nur der Ilmpark hat mit seiner enormen Größe viel zu bieten, auch die ganze Gegend "Am Horn" ist einen Spaziergang wert. Wenn Du ein wildes Picknick im Grünen machen möchtest, können wir das Kirschbachtal wärmstens empfehlen.

***B**eing active and sporty in your holidays? Then go for it. Weimar offers a lot of outdoor-activities for your body and muscles. It's up to you to stay in shape. Besides the Ilmpark which already stands for itself for its beauty and wastness, also the whole area "Am Horn" is worth a walk. And if you want to have a nice picnic we can totally recommend the whole area of the Kirschbachtal, in which you feel as if you would be on another planet.*

62

Yoga Weimar

meditative | Biegsam

- 📍 Lisztstraße 35,
  99423 Weimar
- 🔎 yoga-weimar.com
- 📞 0176 62545427
- 🏷️ €€

63

Schwanseebad

GDR style | Authentisch

- 📍 Hermann-Brill-Platz 2,
  99423 Weimar
- 🔎 sw-weimar.de
- 📞 03643 4341510
- 🏷️ €

64

Kanu Weimar

every Wednesday | Feierabend Kanu

- 📍 Taubacher Straße,
  99425 Weimar
- 🔎 kanu-weimar.de
- 📞 03643 402775
- 🏷️ €

65

Energiewände Kletterhalle

climbing walls | Seil klettern

- 📍 Kromsdorfer Str. 11,
  99427 Weimar
- 🔎 kletterhalle-weimar.de
- 📞 03643 4684600
- 🏷️ €€

62

63

64

65

66

Bauhaus Walk

all the Bauhaus | Bauhaus

Der Bauhaus Walk ist durch eine studentische Initiative entstanden. Studenten der Bauhaus-Universität, führen die Besucher durch verschiedene Bauhaus Sehenswürdigkeiten und erklären die Historie aus ihrer Perspektive. Zu sehen gibt es den ganzen Campus, aber wenn man möchte geht die Führung auch bis zum Haus am Horn.

The Bauhaus walk has been created by a student initiative. The guides are all students at the Bauhaus University, who explain the Bauhaus's history from their own perspective. You will see the entire Campus, but if you want, the guide will take you to the Haus am Horn as well.

📍 Geschwister-Scholl-Str.8, 99423 Weimar

🔎 uni-weimar.de/bauhauswalk

📞 03643 581171

67

Nordlicht Weimar

skatepark | skate

📍 Stauffenbergstraße 20A, 99425 Weimar

🔎 nordlicht-weimar.de

📞 03643 420873

68

Luise

"pubbing" | Schnitzel & Fußball

📍 Wielandplatz3, 99423 Weimar

🔎 gasthof-luise-weimar.de

📞 03643 905819

67

66

69

Lichthaus

industrial | alternativ

Kleines unabhängiges Kino in einem alten Straßenbahndepot. Zu sehen gibt internationale, aber auch lokale Produktionen, die in anderen Kinos nicht immer gezeigt werden. Es bezaubert durch seinen industriellen, alternativen Charme.

Small independent cinema in an old tram depot. There are international and local productions, which are not always shown in other cinemas. It's magic belongs to the rough, alternative charm.

📍 Am Kirschberg 4, 99423 Weimar

🌐 lichthaus.info

📞 03643 4788993

💰 €

70

Malraum

be an artist | Malen

Im MalRaum können Menschen jeglichen Alters das MalSpiel im Sinne von Arno Stern erleben. Beim MalSpiel ist der Prozess des Malens das Wesentliche, nicht das Ergebnis. Zudem befindet sich im MalRaum ein Atelier, in dem man hochwertige Ölportraits anfertigen lassen kann.

In the MalRaum, people of all ages can experience the painting game in the sense of Arno Stern. In painting, the process of painting is the essential,not the result. There is also a studio in the MalRaum, where you can have high-quality oil portraits made.

📍 Obere Schlossgasse 5, 99423 Weimar

🌐 malraum-weimar.de

📞 0170 453 28 71

68

69

SCHWANSEESTR

FULDAER STR

WASHINGTONSTR

COUDRAYSTR

BRAHMSSTR

ERFURTER STR

ERFURTER STR

TRIERER STR

PAUL-SCHNEIDER-STR

A.-LINCOLN-STR

STEUBENSTR

W.-SHAKESPEARE-STR

TRIERER STR

CRANACHSTR

64 | 65 | 66 | 67 | ARE LOCATED OUTSIDE THE MAP

FREQUENTLY ASKED QUESTIONS

What if I am too lazy to cook?
Hallo Pizza, Erfurter Str. 51

What if I am starving after midnight?
Munzur Kebap, Heinrich-Heine-Straße 12

What if I want a cheesy pizza and my wife a butter chicken?
City Pizza, Taubacher Str. 11

Late night drinks?
Nachtaktiv "Späti", Erfurter Str.15
Petrol stations in Erfurter Straße.

I got lost on an outdoor party! What now?
Just walk.
... Or dial 03643 903600 for a cab

Where can I buy bread on sundays?
Die Brotklappe, Trierer Str. 46
... and "Brötchen"?
Höhne, Erfurter Str. 49

Where can I get medication at night and sundays?
Look up on: **apotheke-weimar.de** for emergency service

Police number?
112

Where can I repair body and soul?
Jampie Thai-Massage, Geleitsraße 12

Why Ginkgo everywhere?
Ask Johann Wolfgang von Goethe.

How old is Weimar?
1118 Jahre

Where do I find free wifi in the city?
In Roxanne Café–Markt 21, or in ACC-Café, Burgplatz 1

What if I ran out of cigarettes late night?
Petrol stations, Erfurter streets
Cigarettes dispensers, e.g. in Falken

Where can I rent a bike?
Grüne Liga, Goetheplatz 9b

Where can I buy films for my analog camera?
Fotoheld, Marienstraße 1
DM, Theaterplaz 2A

How do I say ladybug in the local language?
Motschekiebchen

What if my bycicle tube is broken?
There is a tube dispenser:
Rießnerstraße 12B

Where can I buy condoms at night?
Some restaurants have dispensers, e.g.
Texas.

Where can I buy fossils and power stones?
Mineralien- und Fossilienhandel
Peter Gensel
Schillerstraße 18, 99423 Weimar

Where can I wash my clothes?
Speedqueen, Erfurter Str.14

Where can I find useful informations about what is going on in the city?
On the Bauhaus University website go to
Pinnwände and then Piazza.

Where can I buy more INSIDE WEIMAR?
"Design We.Love" store, Schillerstraße 22
or on designwe.love online shop.

Where can I find local markets in Weimar?
Regularly every Wednesday on
Marktplatz, but also on Fridays and
Saturdays.

Where can I print my travel tickets?
Druckpunkt Weimar, Marienstr. 3

Where can I pull my trousers up?
Änderungsschneiderei Gabi Huber
Steubenstr. 16

Where can I buy second hand furniture and clothes?
Sozialkaufhaus Weimar,
Georg-Haar-Str. 14

How do I feel more local?
You know the traffic lights jungle on
Sophienstiftsplatz? Cross at least one
street when it's red. :)

Inside Weimar – A Travel Guide
Edition #1
August 2017, 1. Auflage, 160 Seiten

Inside Weimar is a travel book completely free from paid advertising of any form, because it is an editorial project which emphasizes content purity, aesthetic and the freedom of choice. The selection in this book is independently and entirely made by its publishers.

Published by
Design We.Love

Concept and Creative Direction
Laura Graf
Mark Pohl

Editors
Laura Graf
Mark Pohl

Art Direction, Graphic Design
Laura Graf

Collages
Samuel Solazzo

Icon Design
Elisa Trebstein

Photography
Laura Graf
Mark Pohl

Inside Weimar – A Travel Guide
Schillerstr. 22, 99423 Weimar
hello@designwe.love
www.designwe.love
ISBN 978-3-00-057328-6

Additional Photocredits:
Restaurant Anastasia
Russischer Hof
Labyrinth Hostel: Nadine Wagner
Gartenliebe
Cafe Lima: Anna Schrödter
Recyclist Workshop
besonderefreude
Anita Riesch
Luke backpacks & Le Mile:
Alban Smajli
Margret Aurin
inLiebe-Papeterie
Galerie Eigenheim
Galerie Iconotop
HANT Magazin
Die Epilog
Horizonte
Lucia Verlag
Yoga Weimar
Energiewände Weimar
Kanu Weimar
Martin Kohlstedt:
Coffee Circle & Peter Runkewitz
Klassikstiftung Weimar: Jens Hauspurg
Maik Schuck, Ulrich Schwarz

Printing
Printed in Weimar by Druckerei Kessler

Mit freundlicher Unterstützung der Stadt Weimar

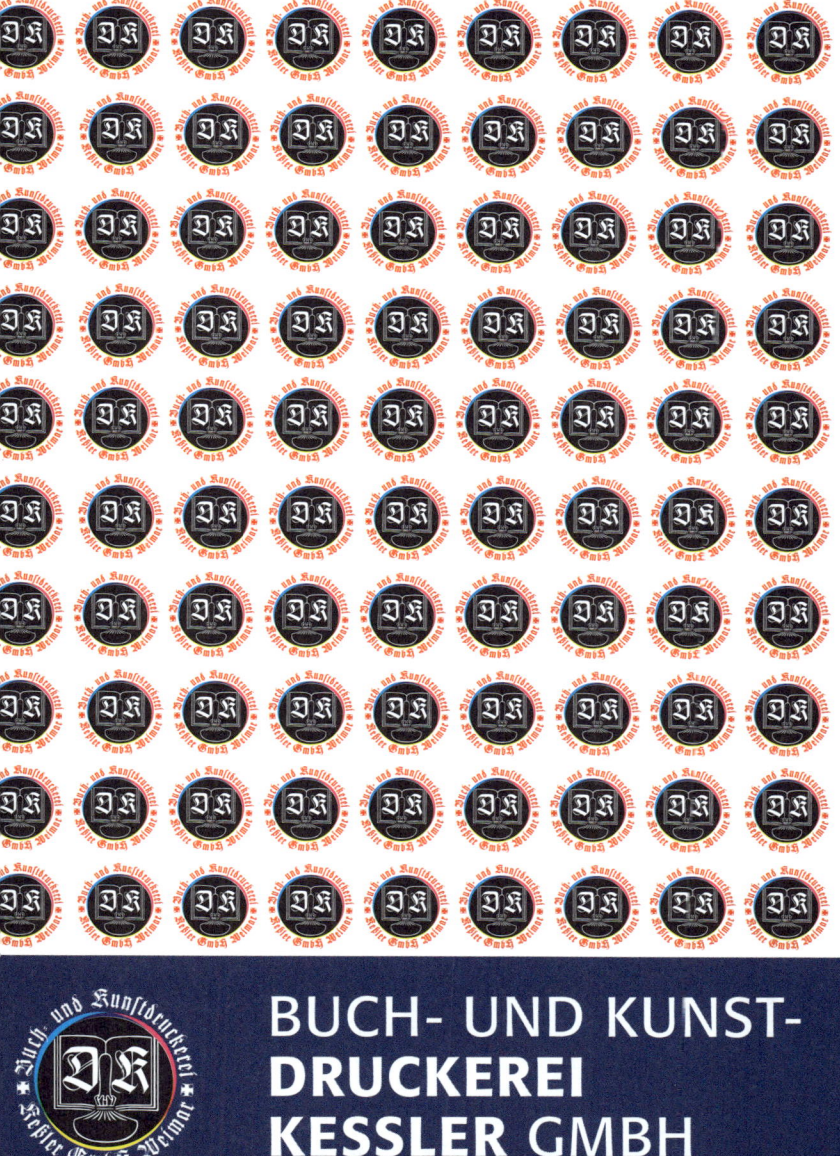

BUCH- UND KUNST-
DRUCKEREI
KESSLER GMBH

Sad you're leaving.
Come back soon.